AF258007

LETTRE

D'UN

JOURNALISTE AMATEUR

A UN

JOURNALISTE DE PROFESSION.

Par l'auteur du Coup d'oeil *philosophique et politique sur les Hommes et les Choses de ce temps-ci.*

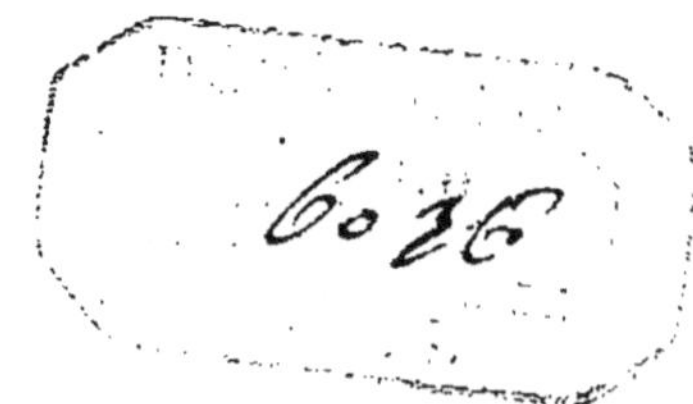

LPARIS.

E. DENTU, LIBRAIRE, PALAIS-ROYAL,
GALERIE D'ORLÉANS, 13.

1853

PARIS. — IMPRIMERIE DE Mme Ve DONDEY-DUPRÉ,
Rue Saint-Louis, 46, au Marais.

LETTRE

D'UN JOURNALISTE AMATEUR

A UN JOURNALISTE DE PROFESSION.

Monsieur,

Malgré tout mon désir d'être clair, et les efforts que j'ai tentés pour y parvenir, je demeure dans les *incompris*, cette race de penseurs et d'écrivains qui, depuis trente ans, pullule sur tous les points du globe habité, et dont notre France littéraire et politique a sa bonne part.

Je n'en peux accuser que moi-même; les définitions, dans l'exposé de ma pensée, m'auront fait défaut.

Afin de réparer, autant qu'il est en moi, la faute ou l'omission dont je m'accuse, je viens vous prier, Monsieur, de m'ouvrir les colonnes de votre estimable journal, si vous ne jugez pas indignes d'y prendre place les quelques réflexions que je voudrais soumettre à votre appréciation et à celle de vos nombreux lecteurs.

Nous commencerons, s'il vous plaît, par ce mot qui, depuis trois mille ans, chez tous les peuples de la terre et suivant des phases intermittentes, eut le privilége de mettre en ébullition tout ce que le cœur humain renferme de passions bonnes et mauvaises, d'appétits naturels ou factices, de patriotisme élevé, ou d'égoïsme honteux : LA RÉPUBLIQUE.

M. de Cormenin a fait un petit livre, comme il sait faire les plus gros, c'est-à-dire, sous l'inspiration d'une logique irrésistible et d'un talent de premier ordre, avec ce titre : *L'Empire c'est la souveraineté du peuple.*

Je regrette que l'illustre publiciste ne se soit point, dès l'abord, hasardé à sauter le pas, et qu'il ait reculé devant cette autre définition : *L'Empire c'est la République.*

Avant de crier au paradoxe veuillez, Monsieur, me laisser le loisir de m'expliquer.

Oui, l'Empire tel qu'il a été constitué par le nouveau gouvernement de la France, c'est la République, la seule qui soit praticable dans notre temps et dans notre pays.

C'est aussi *la meilleure des républiques.*—Le mot attribué généralement à M. le marquis de La Fayette, et par M. Alexandre Dumas, à M. Odilon-Barrot, ce mot est antidaté de vingt ans.

Et d'abord l'Empire c'est l'avénement, en France, de la démocratie ; c'est-à-dire, la consécration, pour un peuple de trente-cinq millions d'habitants, des principes qui fondent la liberté légale et l'égalité possible.—Par une conséquence forcée, c'est l'abolition définitive de tout ce qui s'appelle privilége appliqué à des castes, ou fractions collectives d'une nation.

C'est là du nouveau ; car, en remontant la longue échelle de l'histoire, je ne pense pas que l'on puisse signaler une seule république qui n'ait été, plus ou moins, entachée de privilége aristocratique. Qu'importe que les aristocrates s'appellent d'un nom ou d'un autre, s'ils pèsent sur les populations d'un poids incommode, et quelquefois intolérable ?

Étaient-ce des gouvernements démocratiques dignes de ce nom, ceux que voici :

— Les Républiques de Sparte, d'Athènes et de Rome, avec leurs patriciens, leurs esclaves et leurs affranchis ?

— La République de Venise, avec son *livre d'or*, ses *plombs*, et sa *bouche* incessamment béante aux instigations des délateurs ?

— La République Française,—la première,—celle de 1848 était un enfant mort-né,—avec le club des Jacobins, la Convention et le comité de salut public ?

— Et de nos jours, la République des États-Unis peut-elle se vanter de démocratie, tant qu'elle tiendra enchaînés et sous le fouet des esclaves noirs, rouges ou de sang mêlé ?

Je défie que l'on cite un seul exemple de République ancienne ou moderne qui ne fût pas ou ne soit pas, à un certain degré, empreinte d'aristocratie, et par conséquent de privilége. Or, privilége et démocratie sont deux mots qui hurlent de se trouver accouplés, en tant qu'ils s'appliquent à des castes.

Nous allons voir qu'une aristocratie individuelle, si l'on peut s'exprimer ainsi, ou, tout au plus, de famille, n'est point toujours incompatible avec le principe démocratique ou républicain.

L'Aristocratie est, comme tant d'autres mots, un mot mal défini.

Chez le plus grand nombre de ceux qui l'emploient, pour exécrer l'image qu'il reflète dans leur pensée, ce mot signifie uniquement supériorité de pouvoir, de naissance et surtout de richesse. A ce point de vue l'Aristocratie est généralement conspuée, par cela seul qu'elle blesse nos susceptibilités de position sociale ou de famille, de soumission ou d'obéissance, de fortune ou d'avoir.

L'Aristocratie rendue à sa véritable signification n'est autre chose (il suffit d'ouvrir le dictionnaire) que le mode de gouvernement *où le pouvoir est confié aux principaux de l'État.*

Or, ce mode est nécessairement banni d'un gouvernement qui doit son origine ou sa naissance au peuple (au suffrage universel), et qui gardera, quoi qu'on dise et qu'on fasse, un grand nombre d'errements démocratiques. — Ce gouvernement est et sera, à un degré plus ou moins étendu ou restreint, un gouvernement démocratique, avec un chef, une clef de voûte qui s'appelle l'Empereur.

Est-ce à dire pour cela que le principe aristocratique dans le sens qui lui est communément appliqué soit à jamais exilé de notre langue et effacé de nos habitudes ? En aucune manière. Il y a, il y aura toujours des riches et des pauvres, des hommes appelés au commandement, et d'autres, beaucoup plus nombreux, prédestinés ou, si l'on veut, condamnés à l'obéissance.

Mais, par l'effet successif et inévitable de notre législation, les richesses pourront être moins inégalement réparties, et dans un plus grand nombre de familles. Elles auront aussi un caractère de mobilité qui permettra à tous d'y prétendre, la conduite et le travail aidant. Il se sera trouvé encore un moyen de rendre la vie moins laborieuse et plus facile à ceux qui ne sont pas nés riches, ni destinés à l'être jamais. — En résumé, les riches, quoique plus nombreux, ne seront peut-être pas moins riches, et les pauvres, diminués en nombre, gagneront une condition à l'abri du dénûment et plus voisine de l'aisance.

La faculté de commander n'appartiendra plus exclusivement et par une sorte d'inféodation à un petit nombre de familles désignées par avance au rang qui conférait, dès le berceau, le droit à la suprématie. — Le commandement sera le partage de tous ceux que leur science, leurs talents, leur caractère, leur courage, leur FORCE, dans la grande acception du mot, auront marqués d'un sceau particulier reconnaissable aux yeux de tous. — Ce ne sera plus, à proprement parler, de l'aristocratie, mais bien de la hiérarchie appliquée aux pouvoirs civils. — Ce qui restera debout de l'aristocratie sera transformé en qualité individuelle et viagère.

Toutefois, il ne faut pas se le dissimuler, l'homme du commandement, de la puissance, de la force, fera longtemps encore (toujours peut-être) concourir à ses moyens d'action l'avantage de la naissance, c'est-à-dire le souvenir des services rendus, des illustrations gagnées par ses ancêtres, en proportion du nombre et de la nature de ces services, combinés avec la date plus ou moins reculée à laquelle on pourra les faire remonter. — Ces titres de noblesse, ces parchemins, comme on les a nommés, avec une teinte de dérision envieuse, resteront dans les mains de ceux qui les possèdent, comme de puissants auxiliaires, mais des auxiliaires seulement, au droit de commander et d'être obéis.

Il suit de là 1° que l'aristocratie telle qu'elle avait été comprise dans les âges écoulés n'est plus compatible avec notre gouvernement et les institutions qui en découlent; 2° que ces institutions et ce gouvernement sont pénétrés à un degré remarquable du principe démocratique.

C'est ce qu'il m'importait de démontrer sommairement ici, n'ayant pas l'occasion ni l'espace de traiter la question dans tous-ses détails.

Pour la première fois depuis que le monde existe et que les hommes sont réunis en société, voici venir une *République impériale*, si l'on veut me passer cet accouplement de mots, qui résume toutes les républiques, en exprime la quintessence démocratique, rejetant au dehors, sans les insulter, les éléments de l'aristocratie.

Le gouvernement de l'Empereur est en voie d'accomplir, bien plus vite qu'on n'eût osé l'espérer, cette tâche gigantesque dont les premiers succès paraissent tenir du prodige : il constitue la vraie, la bonne démocratie.

En dépit des prédictions sinistres enfantées journellement, avec une imperturbable fécondité, par ses adversaires et ses ennemis, le gouvernement domine de très-haut les difficultés et les obstacles dont on se plaît à semer son chemin. Toutes ces prédictions reçoivent, une à une ou plusieurs ensemble, un éclatant démenti.

On a dit : la guerre est inévitable aux débuts du nouvel empire, qui d'ailleurs se calque, dans une imitation servile, sur le patron que lui a légué Napoléon Ier. — Napoléon a péri par la guerre qu'il ne lui était pas loisible d'éviter ni de conjurer. Donc...

Ce raisonnement pèche par tous les points de la comparaison et aussi par la différence des circonstances et des temps.

Il n'est pas exact de dire que le gouvernement de Napoléon III veuille subir, par une imitation servile, les errements que lui a transmis le glorieux fondateur de l'Empire. L'événement de chaque jour prouve au contraire que l'on imite — et l'on a grandement raison — tout ce que le gouvernement de Napoléon Ier a laissé d'institutions utiles, bonnes, excellentes, mais que l'on sait fort bien éviter les inconvénients et, osons le dire, les fautes qui furent commises à cette première époque.

La guerre qui alors était inévitable et dans laquelle il faut croire que Napoléon fut plus d'une fois engagé malgré lui, la guerre est devenue le premier et le plus grand danger de la politique actuelle. — Son caractère est d'ailleurs entièrement changé. A cette époque elle était toute française, par la France et pour la France. — Aujourd'hui si, pour le malheur du monde, elle venait à s'allumer, ce ne pourrait être qu'en vertu et dans l'intérêt de l'équilibre européen. — C'est déjà fort différent.

Sous le coup des menaces parties récemment du nord de l'Europe, et dont il est permis de croire que la complète réalisation est impossible, malgré le commencement d'exécution dont les journaux signalent l'existence, le gouvernement de l'Empereur ne refusera pas assurément de faire sa partie dans le grand jeu qui semble devoir s'ouvrir. Mais il ne s'y engagera qu'à la dernière extrémité et lorsqu'il lui sera démontré qu'à côté de l'intérêt européen et sur la même ligne il s'agit de l'intérêt et de l'honneur de la France.

En ce qui touche les chances de conflagration générale résultant de la faute, disons hardiment du crime dont on attribue la pensée et le calcul à une seule puissance, nous répondons que l'empereur de Russie, ce grand souverain d'une grande nation appelée, dans un temps peu éloigné et dès à présent à une destinée prodigieuse ; l'empereur de Russie n'a donné, jusqu'ici, à personne, le droit de l'accuser d'un attentat peu commun dans les fastes du droit des gens, et qui le rendrait odieux à tous les peuples de la terre.

Personne, non plus, n'a le droit de le déclarer fou. — Or, ne serait-ce pas un acte d'insigne folie que de jouer sa flotte ou ses flottes, que nous croyons formidables, contre les flottes combinées de l'Angleterre, de la France, de la Turquie et de presque toutes les puissances européennes ? — Si le czar avait bien envie de voir brûler ou couler bas tous ses vaisseaux de guerre, jusqu'au dernier brick, il n'aurait qu'à entamer cette lutte ; ce ne serait pas long.

Quelques-uns paraissent vouloir insinuer que le czar aurait fait d'avance le sacrifice de sa flotte, et que, ce sacrifice accompli, il tournerait, d'accord avec l'Autriche et la Prusse, ses armées de terre contre le gouvernement que la France s'est donné, par l'accord unanime de huit millions de suffrages, c'est-à-dire des quatorze quinzièmes de la population votante. Il me semble, Monsieur, que ces grands politiques font bon marché, et du désintéressement russe, au point de vue de sa marine impériale, et du bon sens de la Prusse et de l'Autriche, et de l'honneur national qui devrait leur être, comme à tous les Français, cher et sacré.

Ainsi toutefois se dégagerait, peu à peu, cette *inconnue* qui, jusqu'ici, apparaissait à nos yeux et à nos oreilles comme une énigme .. — Une sorte de réticence prête à prendre son vol, mais néanmoins contenue sous le jabot, pouvait, à l'appréciation des hommes attentifs, se traduire de cette façon : Oh ! vous n'en êtes pas où vous pensez être. Le nouvel empereur se brisera contre des obstacles que vous ne prévoyez guère, mais qui ne tarderont pas à se produire. Un peu de patience... qui vivra verra.

Voici donc venir, tout doucement, le mot de l'énigme. La menace qu'elle couvait faisait, *in petto*, allusion aux dispositions présumées de l'empereur de Russie.

Grand merci, Messieurs ; mais je crois, à mon tour, que vous

vous trompez, et j'espère que vos *craintes* ne seront pas réalisées.

Oh! oui, les partis hostiles ont bâti une de leurs espérances sur la guerre et le bouleversement général qui en serait le résultat inévitable. Pour s'en convaincre il ne faut qu'observer le dépit mal concentré de ceux qui poussent à la guerre, et ne la voient pas éclater assez vite au gré de leur désir.

Si la France, après avoir fait preuve de longanimité et de noble patience, dans l'intérêt de la paix et des bienfaits qu'elle procure aux peuples civilisés, se voyait contrainte de tirer l'épée, cette grande épée qui n'a pas désappris le chemin des capitales de l'Europe, ce ne serait que pour marquer de nouveaux triomphes et écrire, dans son histoire, des faits non moins héroïques que ceux dont un passé récent a buriné le magnifique récit.

Ce serait aussi, ne l'oublions pas, dans l'intérêt et pour la gloire de notre chère patrie, de la nation tout entière, de tout un peuple de trente-cinq millions d'âmes... conséquemment dans un intérêt purement démocratique, à la plus haute puissance du mot.

On a dit : les finances, les finances! voilà la pierre d'achoppement qui fera trébucher, puis tomber le pouvoir mal assis. — Il est impossible que le gouvernement se tire, à son honneur, du gouffre chaque jour plus profond du déficit et de la banqueroute. — Les précédents gouvernements, le dernier surtout, qui possédaient de meilleures ressources, un plus grand crédit ; le dernier gouvernement y a usé ses forces, compromis son existence et, en définitive, il a succombé à la peine. — Comment supposer que le gouvernement d'hier, privé des talents supérieurs que trente ans de luttes parlementaires et de polémique quotidienne avaient formés, que ce gouvernement nouveau, sans autre appui que celui que veulent bien lui prêter les médiocrités toujours empressées à suivre la course incertaine et mal assurée d'un astre errant ; que ce gouvernement puisse avoir la force d'accomplir des projets d'une exécution si ardue et dont les plus hautes intelligences, les hommes d'État enviés à la France par le monde entier, ont déserté l'entreprise comme des géants foudroyés ?

Et voilà qu'en moins de deux ans, l'*astre errant et incertain* a rétabli, dans les finances, un ordre parfait, un équilibre inespéré et, chose qui tient du miracle, aligné les recettes et les dépenses de telle sorte qu'au lieu d'un déficit on signale les *bonis* de plusieurs millions !

Vous savez, Monsieur, qu'on ajoutait : tout ceci est factice. Les chiffres sont dociles à se laisser grouper ; mais vienne le *quart d'heure de Rabelais*. — Avant que trois mois se soient écoulés, l'échafaudage s'affaissera sur lui-même et l'on verra, à la courte honte des faiseurs, qu'ils n'avaient bâti qu'un château de cartes...

Les trois mois se sont écoulés, d'autres mois avec les premiers, et la triste prophétie n'a reçu aucune sanction du temps.

Est-ce que, par hasard, les médiocrités en question auraient trouvé des procédés que les têtes carrées de l'autre politique n'avaient pu découvrir ? — Ou bien s'il faut en attribuer le mérite à la confiance qu'inspire le nouvel ordre de choses, et à l'habileté positive de ses agents principaux ?

Je me rangerais volontiers à cette dernière opinion, et j'y verrais une preuve, après mille autres, de la sincère et ardente sollicitude du gouvernement en faveur des masses, de tout le monde... Voilà encore de bonne démocratie.

On a dit enfin : ce gouvernement va s'isoler. — Chacune des puissances, à commencer par l'Angleterre, se détachera successivement comme les feuilles quittent l'arbre aux premières gelées d'automne. Ainsi dénudé et privé de concours, au milieu de la grande famille européenne, force lui sera de tomber.

Pas du tout ; les puissances de l'Europe ont compris — malheur à celles qui ne le comprendraient pas ! — que la France est et sera désormais l'avant-garde de l'ordre et de l'autorité dont aucun gouvernement ne saurait se passer, sous peine de périr ; que la France interviendra, en première ligne, dans toute question diplomatique, dans toute défense des intérêts européens ; qu'elle est posée et constituée de façon à emporter la balance, toutes les fois que ces intérêts seront mis sérieusement en question ; qu'enfin elle touche au jour prédit, quatre-vingts ans à l'avance, par le grand Frédéric ; à savoir que, sans son ordre ou sa permission, il ne serait pas tiré un coup de canon en Europe.

Voyez l'Angleterre, la fière Angleterre, dont la marine égale, si elle ne les surpasse, en force et en puissance, toutes les marines de l'Europe ; l'Angleterre se voit contrainte de rechercher l'alliance plus étroite, le concours plus efficace de sa rivale de tous les temps, de sa rivale jalousée, et plus d'une fois attaquée dans ses *œuvres vives*, soit à découvert, soit par des voies clandestines.

Je n'oserais vous affirmer, Monsieur, que nous devions cet avantage ou cette prédilection à une recrudescence de *l'entente cordiale*, et que lord Palmerston, cet adversaire irritable et taquin de notre France, se soit senti tout à coup épris pour elle d'une tendresse insolite. — Non ; mais la nécessité est bonne conseillère. L'intérêt britannique y voit clair et de loin. Il aura vu, sans lunette d'approche, que le czar, une fois maître de Constantinople, puis du Caucase, n'aurait plus besoin, pour inquiéter, menacer les possessions de l'Inde, que « de faire un mouvement en arrière. » — Voilà, pour le noble lord, matière à se gratter l'oreille. — Voilà aussi d'où nous viendra, en grande partie, cette prépondérance que notre gouvernement sage et fort saura merveilleusement exploiter..... toujours au profit de la démocratie.

En somme, le gouvernement impérial de 1852 est plus près de la démocratie, et, conséquemment, de la république, que nul de ceux qui l'ont précédé. Je n'en veux pas excepter les deux républiques nominales et éphémères qui, dans l'espace d'un demi-siècle, ainsi que des comètes sans queue ou avec une queue sanglante, ont passé sur nos têtes épouvantées.

Est-ce que la république ne se reconnaîtrait qu'aux emblèmes horribles ou burlesques dont vous n'avez pas perdu la mémoire ?

Afin de constater sa présence, faut-il donc absolument la coiffer du bonnet phrygien, lui mettre à la main le drapeau rouge, et la loger à l'enseigne du *Triangle d'acier ?*

Eh ! non ; sa présence se révèle par des signes moins effrayants.

L'égalité devant la loi n'entraîne point, dans l'ordre politique, l'égalité devant la mort.

De même pour la *Fraternité*, mieux nommée la Charité. Nous expliquerons, une autre fois, à quel point elle est attardée, et combien il importe à notre salut commun de la refaire de toutes pièces. En attendant, il faut avoir fermé les yeux au soleil de midi pour ne pas voir les efforts persévérants, inouïs, qu'a faits, chaque jour et dès son début, le gouvernement nouveau. Le gouvernement veut élever à l'âge adulte cet enfant chétif et malingre (la *Fraternité*) qu'il a trouvé si débile dans son berceau. On s'en assurera en parcourant la liste des lois, décrets et règlements émanés, depuis ce petit nombre d'années, de la tête et du cœur de Napoléon III.

La liberté ! oh ! la liberté ! voilà où nous vous attendions, vont me crier de façon à m'assourdir mes adversaires politiques. — Oserez-vous bien soutenir que le gouvernement a su respecter la liberté là où il n'y a plus ni liberté de la presse, ni liberté de la tribune ?

Doucement, Messieurs, ajournez votre triomphe au moment où vous aurez prouvé que vous raisonnez juste. — Je ne crois point ce moment encore arrivé.

Toutes les libertés si précieuses dont vous êtes en possession remontent à une époque fort antérieure à la Révolution française. — Cette Révolution, je ne veux pas le nier, les a considérablement accrues et fortifiées. — Toutes ces libertés vous ont été conservées, toutes... hormis une seule, la liberté de faire des révolutions et de bouleverser le pays indéfiniment.

Croira-t-on qu'il y ait grand mal à cela et qu'il ne soit pas bien temps de clore ce chapitre ?

La liberté de la presse et celle de la tribune ont conservé toute l'ampleur dont elles peuvent avoir besoin pour l'utilité, la prospérité, la grandeur de la France. Est-ce que vous n'êtes pas libres, parfaitement libres de discuter *in extenso* dans vos journaux, dans les livres gros, moyens et petits, toutes les questions qui se rattachent à la politique, aux finances, à l'administration, le tout suivant des formes et dans une mesure convenables ? Il est vrai que, dans vos écrits quotidiens, vous êtes un peu gênés, mais uniquement au point de vue que je viens de signaler. — On oppose quelques obstacles (pas toujours assez, selon moi) à l'accomplissement de votre péché mignon. — Il vous est interdit, comme on ferait à des enfants mal élevés, de mettre le feu aux traînées de poudre dont le pays est sillonné à sa surface et sous les couches profondes.

En vérité, il y a là de quoi vous demander excuse et pardon ! que de peine et de fatigue pour vous apprendre, ainsi qu'aux enfants auxquels je me suis permis de vous comparer, qu'en touchant au feu on risque de se brûler..... et de brûler les autres ; ce qui paraît vous inquiéter assez peu.

Vous ne l'ignorez pas ; toutes vos bonnes libertés vous sont acquises et se corroborent des institutions nouvelles. Interrogés sur ce point, vous niez, du bout des lèvres, comme des gens qui seraient bien aises de n'être pas crus. — Tels ces coureurs de ruelles, hommes à bonnes fortunes de tous les âges et de toutes les conditions. — Vous leur faites *compliment* sur leurs succès.... des perfidies! — En nommant les masques.... leurs victimes! — Ils nient faiblement avec ce demi-sourire gros de suffisance qui signifie, pour qui sait le traduire : vous ne vous êtes pas trompé.

Vous avez besoin d'un moule à révolution et vous pensez l'avoir trouvé dans cette formule : la liberté! — voilà pourquoi vous y tenez si fort.

Est-ce clair, maintenant? commencez-vous à comprendre que nous avons enfin à la main le fil qui nous conduira à la bonne démocratie, à la meilleure des Républiques; c'est tout comme?

Les dissidents, les adversaires, les ennemis de nos institutions, se présentent, sous diverses dénominations, sous des couleurs variées de devises et de drapeaux, en assez grand nombre pour que nous soyons amené à les combattre et à les plaindre.

Leurs motifs ne sont pas moins variés que les couleurs dont ils se parent ou se défigurent.

Dans tous les partis, il est de nobles sentiments, de sublimes regrets qu'il faut savoir respecter, lorsqu'ils sont sincères. Mais, de bonne foi, est-ce une raison de laisser conspirer sourdement, ou à ciel ouvert, au risque d'ébranler tout l'édifice et de conduire la France, ainsi qu'on l'a vu récemment, à deux doigts de sa perte?

Je veux ici, Monsieur, vous faire part d'une réflexion qui présente un côté rassurant. C'est que les partis hostiles, un seul excepté, me semblent offrir peu de cohésion entre eux, et dans leurs rapports avec les autres partis hostiles. — Un symptôme particulièrement se manifeste, qui me réjouit, rien que d'y penser : il est certainement à votre connaissance que ces partis ne sont guère disposés à des sacrifices quelconques de leur temps, de leur peine, de leur argent. — Des phrases boursouflées et du sentiment factice, tant qu'on voudra. Mais ce n'est pas avec du sentiment et des phrases que l'on remue quoi que ce soit, en politique révolutionnaire. — L'argent surtout, oh! l'argent, ils y tiennent comme la glu à l'aile de l'oiseau pris à la pipée. J'en connais peu qui voulussent donner, pour le triomphe de leur cause, le plus léger *penning*, ou le moindre *maravédis* (1).

Le vieux parti *libéral*, au contraire, présente cet ensemble et cette union qui promettent le succès. Il s'autorise de la confiance qui est presque la foi, et que fortifie la pensée fanatique en une sorte de fatalisme inné, sinon soufflé.

Ce parti qui a labouré, dans tous les sens, le sol de la France ne craint ni ses fatigues, ni la dépense ; quelquefois au delà de ses forces et de ses facultés. Les démarches incessantes, les privations de toute nature, les sacrifices de toute sorte ; rien ne lui a paru trop cher. On boursillait, on fricotait ; le bal avait ses entre chats et ses rigaudons un peu surannés, à vrai dire, mais que la *schotisch* et la *polka* rajeunissaient, par intervalles, de leurs ébouriffantes évolutions. — Enfin c'était.... c'est encore un parti redoutable, parce qu'il est pourvu de vitalité. Il a su et saurait encore, à l'occasion, pousser les masses dans les voies révolutionnaires.

Toutefois il n'est pas le seul dangereux. D'autres partis, en s'épaulant de celui-ci qui a la vie dure, peuvent lui prêter un secours momentané, sauf à en être écrasés plus tard. Du reste, les allures et les menées de cette *fusion* d'un jour sont absolument identiques.. J'ai vécu assez pour reconnaître et constater que tous les partis révolutionnaires, sans exception, se ressemblent par leurs mauvais côtés.

On comprend, à toute force, que certains hommes avec des croyances, des intérêts bien ou mal calculés ; qui pensent avoir à gagner et rien à perdre, dans les bouleversements sociaux, se jettent à corps perdu au milieu des révolutions.— Cette folie porte, en soi, sa raison d'être, ou son prétexte. — Mais que d'autres hommes n'ayant ni croyances bien arrêtées, ni opinions politiques très-nettes ; qui, posés dans une situation exceptionnelle quelquefois excellente, ont tout à

(1) J'aurais pu tout aussi bien parler de centimes, mon idée eût été rendue à peu près de même ; j'ai préféré l'étrangeté de ces expressions hollandaise et espagnole. — Que voulez-vous, Monsieur, il nous faut tâcher d'arrondir de notre mieux la phrase et la période. Sans que je puisse m'en rendre compte exactement,

« *Penning*, plus que *centime*, à mes oreilles plaît. »

C'est que, par le temps qui court, nous n'avons rien à perdre, nous autres journalistes.

perdre par de tels conflits, entre lesquels ils seraient certainement broyés ; que ces hommes s'empressent, pour obéir à des passions confuses, à des appétits mal réglés, de donner main-forte aux agitateurs : voilà qui passe toute croyance et déconcerte tous les raisonnements.

Et quand on songe que parmi ces hommes, il en est plusieurs qui sont doués d'esprit, de cœur, de talent sur tout autre point que l'objet de leur monomanie, nous ne pouvons que gémir du fond de notre poitrine .. Holà ! — A ce genre de maladie et de malades, je ne sais point de remède, si ce n'est, Monsieur, de les recommander à vos prières comme fait M. le curé dans son prône pour les hérétiques et les femmes enceintes, pour les ennemis de la religion et ceux qui ne la connaissent pas.

Tant est que, grâce à l'assistance si opportune de S. M. Napoléon III, grâce à la force de sa tête et à la vigueur de son bras, nous voilà nantis de quelque chose comme une République démocratique et..... *sociale.*

A ce mot néfaste je vous vois d'ici, Monsieur, bondir sur votre fauteuil élastique comme un ballon sur la raquette. Un peu de patience, je vous en supplie ; je suis en mesure de vous démontrer, par A plus B, qu'il est un bon socialisme, honnête, utile, indispensable, sans lequel l'Empereur lui-même ne pourrait atteindre à la régénération et conséquemment au salut du pays, ce but souhaitable que tous nous devons poursuivre sur les traces du souverain.

Ce sera, si vous le voulez bien, Monsieur, le sujet d'une seconde lettre.

Mais j'avise, un peu tard, qu'au flux de ce verbiage, je n'ai pas donné encore le plus mince conseil, afin de justifier le titre légèrement ambitieux dont je me suis targué en commençant (1) ; m'y voici :

Je n'en dirai qu'un seul aujourd'hui, encore est-ce du réchauffé. — Le conseil que j'ose très-respectueusement soumettre au pouvoir, c'est de persister dans son projet d'étendre sur la France entière le

(1) Tout journaliste, amateur ou non, se pose naturellement comme un conseiller, au risque de se faire appliquer cette épigramme :

> « Tel fait métier de conseiller autrui,
> Qui ne voit goutte en ses propres affaires. »

réseau de la police. — Plus j'entends dire de mal de cette institution protectrice, plus je me persuade qu'elle est nécessaire au jeu régulier des autres institutions, ses sœurs puînées, bien qu'elles prétendent au droit d'aînesse. — Maintenant que l'on a satisfait aux justes susceptibilités de MM. les préfets blessés, non sans quelque raison, de la suprématie que semblaient vouloir s'arroger MM. les commissaires spéciaux, ces deux ordres de hauts fonctionnaires pourront désormais se prêter, sans se surmarcher ni se nuire, une mutuelle assistance.

Il importe de réhabiliter la police dans l'opinion erronée de tous, même de ceux qui n'ont pas à en redouter la surveillance et l'action. Il importe d'inculquer aux masses, dont je ne voudrais pas séparer la *bonne compagnie*, que les officiers supérieurs et inférieurs de la police sont autre chose que des inquisiteurs et des mouchards.

N'a-t-on pas voulu flétrir d'une appellation à peu près synonyme, les confidents intimes des puissances qu'elles accréditent auprès d'un autre souverain en qualité d'ambassadeurs !

Veuillez agréer, Monsieur, l'assurance de ma considération très-distinguée.

B. REY.

Au Creuzot, 15 juillet 1853.

Paris. — Imprimerie de Mme Ve Dondey-Dupré, rue Saint-Louis, 46, au Marais.